BIBLIOTHÈQUE

SENTIMENTALE
JOYEUSE GRIVOISE
ET AMUSANTE

CHANSONNIER

DE LA

BONNE SOCIÉTÉ

RECUEIL

DE CHANSONS ET ROMANCES

les plus nouvelles.

LE BAILLY, LIBRAIRE,

Rue Cardinale, 6, faub. S.-Germ

40 centimes le volume

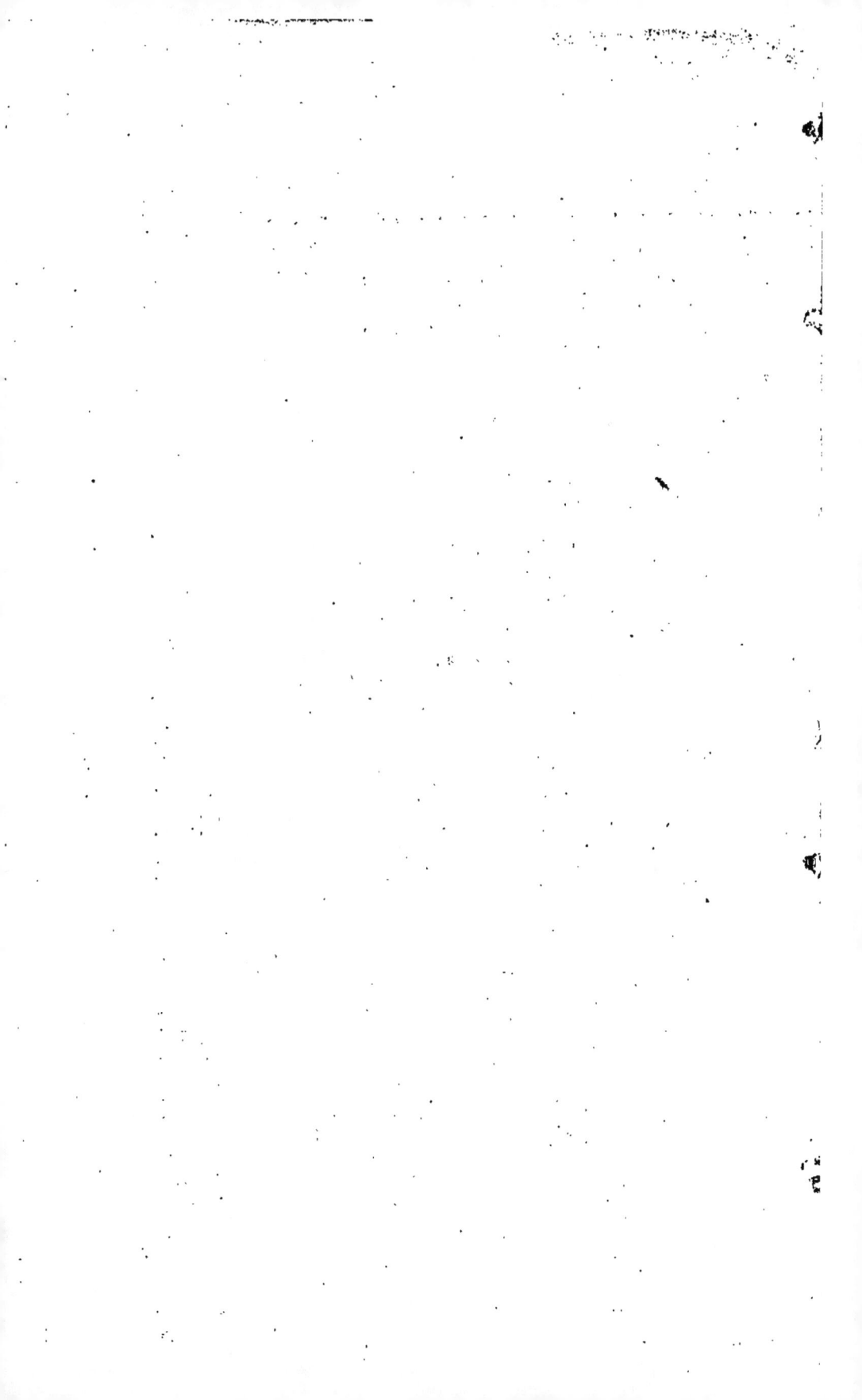

CHANSONNIER

DE LA

BONNE SOCIÉTÉ.

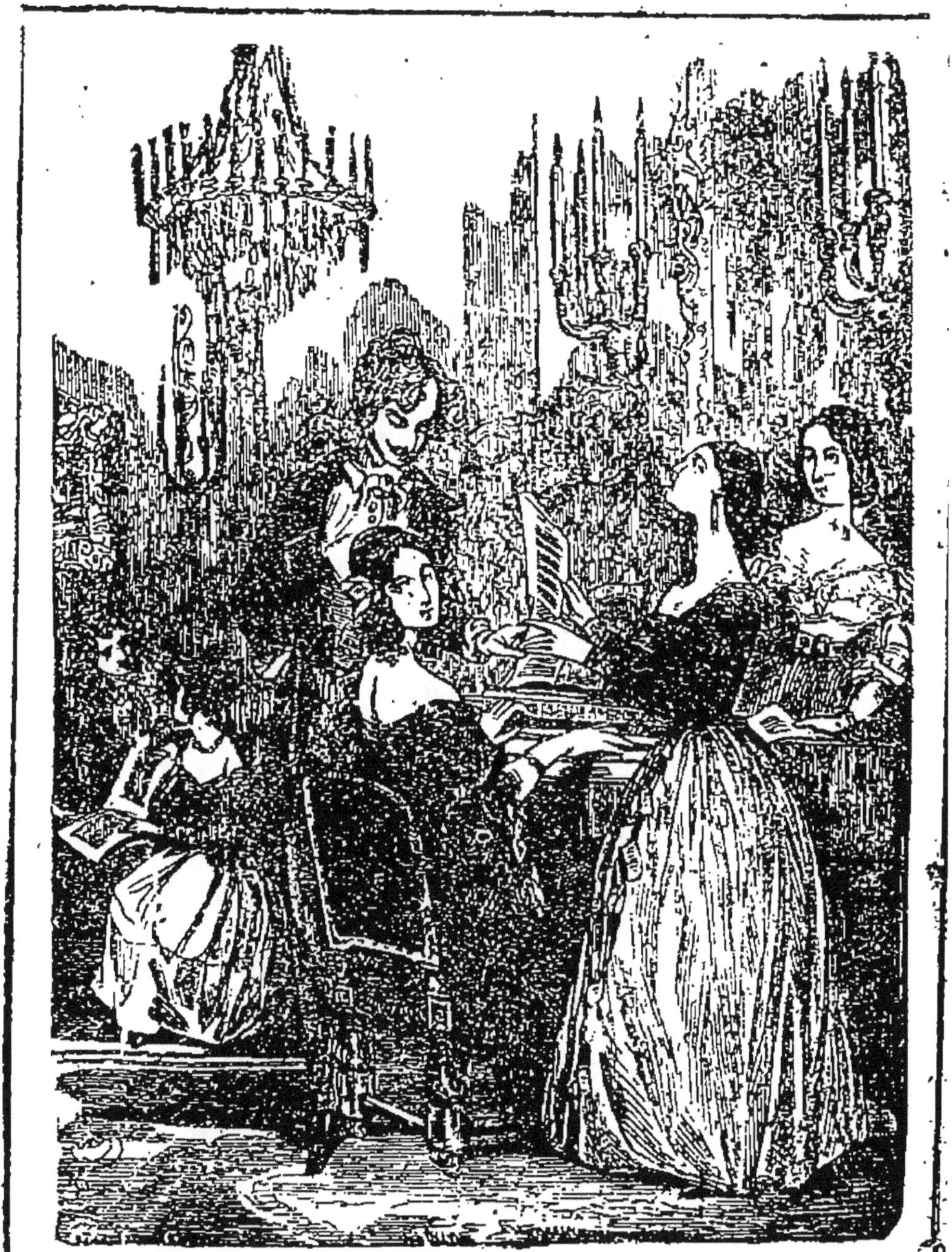

CHANSONNIER

DE LA

BONNE SOCIÉTÉ

RECUEIL

DE CHANSONS ET ROMANCES

les plus nouvelles,

PAR LES CHANSONNIERS MODERNES.

PARIS.

LE BAILLY, LIBRAIRE,

rue Cardinale, 6, faub. .-Germain.

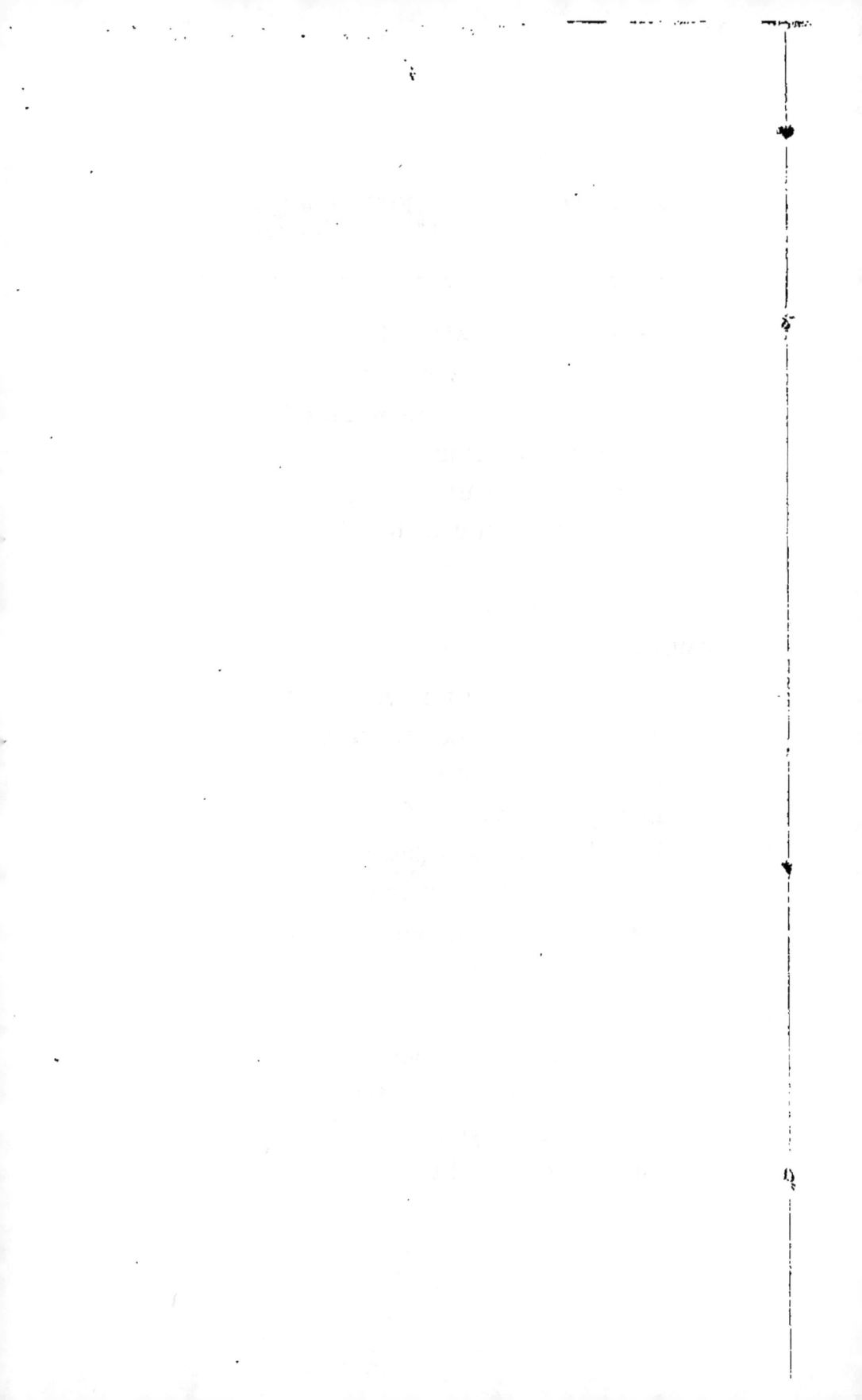

CHANSONS NOUVELLES.

LA FILLE DU MEUNIER JOLY.

MUSIQUE DE VARNEY.

AIR : *Soir et matin, du Moulin Joly.*

Je sens au cœur
Joie et bonheur,
Enfin Marie accueille mon ardeur.
Mon vœu chéri
S'est accompli,
J'aurai la fille du meunier Joly.

Quand vient l'aurore vermeille
Rendre la vie aux couleurs,
La nature se réveille,
Le zéphir ouvre les fleurs,
De même, sur son passage,
Marie a vu s'entr'ouvrir
Bien des cœurs qu'en esclavage
Sa vertu sait conquérir.
Je sens, etc.

De la gentille meunière
Tout veut caresser les sens,
C'est pour ses yeux, pour lui plaire
Que Flore embellit les champs;

Tous ces jeux de la lumière,
Ne sont pas jeux du hasard,
Le ciel veut, comme la terre,
Mériter son doux regard.

    Je sens, etc.

Sur la fougueuse jeunesse
L'amour lance tous ses traits,
On le voit cherchant sans cesse
Doux minois, tendres objets ;
Lorsque dans nos champs Marie
Vient promener ses appas,
Nos bergers, dans la prairie,
Aussitôt suivent ses pas.

    Je sens, etc.

Confiant à l'eau discrète
Ses jolis traits chaque soir,
Dans ce miroir, la pauvrette
Promenait son bel œil noir ;
Mais, maintenant qu'elle m'aime,
Je lui dirai tout joyeux :
Lis donc mon amour extrême
En te mirant dans mes yeux.

    Je sens etc.

A. HALBERT

LE CHANTEUR MONTAGNARD.
Tyrolienne.

MUSIQUE DE L'AUTEUR DES PAROLES.

A la fête du village,
Un chanteur, mes enfants,
Apportait en hommage
Ses chansons tous les ans ;
Sa voix était plaintive,
Et charmait cependant.
Vous dont la joie est vive,
Répétait-il souvent,
La, la, la, la, la, la.

REFRAIN.

Le pauvre sur la terre,
La, la, la, la, la, la, la, la, la,
Sait souffrir et se taire,
La, la, la, la, la, la, la, la, la,
Je chante pour vous plaire,
La, la, etc.
Le bonheur préside à vos quadrilles,
Tâchez de l'y fixer, jeunes filles ;
Consacrez pour couler d'heureux jours
Votre vie aux jeux, aux amours.

J'ai quitté la montagne,
Ajoutait-il encor,
Paquitta, ma compagne,
Paquitta, mon trésor.
Hélas! notre chaumine
Nous vit si malheureux !
J'ai pris ma mandoline,
Cherchant du pain pour deux,
La, la, la, la, la, la.

Le pauvre, etc.

Ah! si de la misère,
Les pleurs rident mon front,
Les baisers d'une mère
Jamais n'y glisseront.
En partant, sur sa tombe
J'ai porté mes adieux ;
Loin d'elle si je tombe,
Elle m'attend aux cieux.
La, la, la, la, la, la.

Le pauvre, etc.

Un soir sur la colline,
L'on dit qu'un moissonneur,
Près de sa mandoline,
Trouva mort le chanteur.

Depuis, à la nuit sombre,
Sa pauvre Paquitta,
Folle, seule dans l'ombre,
Chante ce refrain-là,
La, la, la, la, la, la,
Le pauvre, etc.

LEÇON D'ALCHIMIE.

AIR *du vaudeville de l'Avare et son Ami.*

Tout est vanité dans ce monde :
Ne jugeons rien sur sa couleur.
Bien insensé celui qui fonde
Sur ses recherches son bonheur.
Les sciences ont leur dédale,
Les systèmes leur fausseté.
Mais à tort on a plaisanté
Sur la pierre philosophale.

Epoux qu'un doux lien engage,
Vous dûtes souvent l'éprouver :
Sans peine, grâce au mariage,
Le grand œuvre peut se trouver.
Vivre sous la foi conjugale,
Et pourtant s'estimer heureux,
Enfin n'être qu'un, quoique deux,
C'est la pierre philosophale.

Chacun a, dit-on, sa chimère,
Voilà pourquoi sur ses fourneaux
L'alchimiste se désespère
Et veut transmuter les métaux.
Pour moi, si de quelque autre Omphale,
Je puis faire agréer mes vœux,
Si mon bonheur luit dans ses yeux.
J'ai la pierre philosophale.

Captiver une aimable brune
Est sans doute un succès charmant·
Mais triompher de la fortune
Offre un prodige encor plus grand.
Le sage de qui l'âme égale
Sait puiser la félicité,
Dans une douce obscurité,
A la pierre philosophale.

Habitants de la double cime,
Qui comptez des succès nombreux,
Vous que place un essor sublime
Parmi les poète fameux :
Redoutez le sort de Tantale,
Si vous sentez l'amour de l'or;
Dans les vers trouver un trésor,
C'est la pierre philosophale,

Les rigueurs de la destinée
Ne ravissent pas tous les biens.
Une âme à gémir condamnée
Peut trouver encor des soutiens.
Il n'est point de merveille égale
A celle de la rareté :
Un ami dans l'adversité,
C'est la pierre philosophale.

LA CROISÉE.

Mot donné.

AIR *du Péché par ignorance.*

L'homme d'esprit, le bon auteur,
Trouvent facilement la rime ;
Mais un pauvre petit rimeur
Pour l'attraper en vain s'escrime.
Tourner avec grâce un couplet,
A mon sens n'est pas chose aisée ;
Ma foi, pour trouver un sujet,
Amis, je vais à ma croisée.

Je réfléchis en l'approchant
Qu'en ce monde il est fort peu d'êtres
Qui connaissent parfaitement
L'utilité de nos fenêtres,

Mais qu'il n'est pas un amoureux,
Pas une fillette rusée,
Qui ne sente le charme heureux
D'avoir au moins une croisée.

Si Clémence attend son amant,
Qui jamais ne vient assez vite,
Son jeune cœur est palpitant,
Et d'amour son beau sein s'agite;
Viendra-t-il, ne viendra-t-il pas?
Clémence craint d'être abusée,
Tremblante, elle gémit tout bas
En l'attendant à sa croisée.

Mais si de tous les agréments
Que nous procure une fenêtre
Je disais les effets charmants,
Le lecteur s'ennuîrait peut-être,
Je me tais donc, et pour raison,
Car la critique, malaisée,
Pourrait condamner ma chanson
A faire un saut par la croisée.

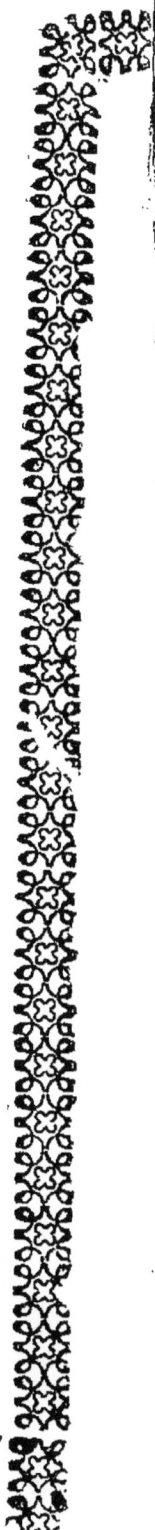

PLUS D'HUILE DANS LA LAMPE.
Romance.

Air : *Si les fleurs parlaient.*

De ce grabat, où je souffre en silence,
Pourquoi, docteur, vous éloigner ce soir?
Mes jours ont-ils fait pencher la balance,
Quand votre voix me conseillait l'espoir?
Le fossoyeur soulève-t-il la pierre
Qui doit sur moi retomber pour toujours?...
Vous vous taisez.... Adieu donc à la terre,
Mais je gémis de perdre mes amours.   (*bis.*)

C'en est donc fait.... je vais quitter la vie!
Mourir si jeune, ah! c'est deux fois mourir!
Quelques instants.... et ce cœur, mon amie,
A ton amour ne pourra tressaillir.
Dieu, je t'implore! oui, malgré ma souffrance,
Soutiens ma force.... et prolonge mes jours :
Je ne tiens pas à ma frêle existence,
Mais je gémis de perdre mes amours.   (*bis.*)

Quoi! le soleil que promet cette aurore,
A qui l'oiseau fait un si doux accueil,
Vers son midi doit m'éclairer encore,
Puis se coucher ce soir sur mon cercueil!

Ciel, vois ces pleurs inonder ma paupière;
A mes destins accorde un plus long cours!...
Je ne tiens pas à ma triste carrière,
Mais je gémis de perdre mes amours.   (*bis.*)

La blanche fleur, émail de nos prairies,
Se montre même oracle de mon sort :
Sa tige naît... et ses couleurs flétries
Viennent déjà me présager la mort!
Dieu, prends pitié d'une faible victime!
Mon infortune invoque ton secours;
Je ne tiens pas au souffle qui m'anime,
Mais je gémis de perdre mes amours.   (*bis.*)

Pour tous la vie est un livre suprême
Que l'on ne peut parcourir à son choix ;
Car le feuillet se tourne de lui-même,
La page (*Aimez*) ne s'y lit pas deux fois;
L'on veut fixer le passage où l'on aime,
Et sous nos doigts il glisse sans retour....
Bientôt je vais résoudre ce problème,
Mais je gémis de perdre mes amours.   (*bis.*)

Vœux superflus, inutile prière!
Son œil se ferme, et le jeune mourant,
Touchant enfin à son heure dernière,
Avec douleur murmure en expirant :

« O toi que j'aime, adieu.... ma tendre amie!
« Un froid mortel me glace pour toujours!
« Ce coup affreux m'ôte plus que la vie...
« Las! je vous perds, ô mes chers amours! » (*bis.*)

LES QUATRE VERTUS DE L'OUVRIÈRE.

AIR *des Filles de marbre.*

Musique de Montaubry, paroles de J. A. Sénéchal.

Aimes-tu, douce Clémence,
Les grands airs de l'Opéra,
Et les polkas qu'on y danse,
Où tout brille au Mardi-Gras ?
Aimes-tu riche parure,
Diamants, bijoux, rubis?
Quitte ta robe de bure,
Viens dans ce beau Paradis. } *bis.*

— Non, non, non, non,
— Dis moi, qu'aimes-tu donc ?

— J'aime, en vaillante ouvrière,
Travailler avec ardeur
Pour aider ma vieille mère,
Qui n'a que moi pour bonheur.
Voilà ce qu'aime mon cœur.   *bis.*
Tra la la la la la la,
Tra la, le bonheur est là. } *bis 2 fois.*

Enfant, quand ton sein s'agite,
Qu'il soulève ton mouchoir,
Que ton petit cœur palpite,
Que ton œil brille d'espoir;
Aimerais-tu, ma gentille,
Nos palais et leur grandeur,
Où la gaité toujours brille,
Où l'on cache le malheur?

   —Non, non, non, non,
— Dis-moi, qu'aimes-tu donc?

— J'aime à faire douce aumône,
En secret à l'indigent;
Dieu bénit la main qui donne,
Et l'on dort bien plus content
Quand le cœur fut indulgent.   *bis.*
Tra la la, etc.

Aimes-tu, dans le bocage,
Entendre sous l'arbre vert
Des doux oiseaux le ramage,
Sous le grand bois recouvert?
Ou sur la terre étrangère,
Bien loin, sous d'autres climats,
A rêver en paix ou guerre,
Quand on parle de combats?

   —Non, non, non, non,
— Dis-moi, qu'aimes-tu donc?

—J'aime à faire une prière
Pour un pauvre matelot ;
Et ce marin, c'est mon frère
Que Dieu berce sur le flot :
D'Orient viendra-t-il bientôt ?   *bis.*

Tra la la, etc.

    Aimerais-tu, douce amie,
    L'amant qui promet partout
    Et sa fortune et sa vie,
    Qui promet et garde tout ?
    Oh ! ne crois pas, mon bel ange,
    A la franchise ici-bas ;
    Car le cœur du riche change,
    Le mien ne changera pas.

    — Non, non, non, non,
— Enfin, qu'aimes-tu donc ?

—J'aime qui sait me comprendre,
Et lire au fond de mon cœur :
L'artisan qui veut me prendre,
Pauvre et seule avec l'honneur,
Et c'est assez pour le bonheur,
Oui, c'est assez, etc.

Tra la la, etc.

LE PETIT PIERRE LE SAVOYARD.

AIR *des louis d'or,* de P. Dupont, ou N'offeuillez
pas les marguerites.

Un Savoyard, bien jeune encore,
Un léger bâton dans la main,
Depuis le lever de l'aurore,
Au hasard suit le grand chemin.
Il fait beau, mais la faim le gagne,
Des pleurs voilent son doux regard :
Il est si loin de sa montagne!
Prenez pitié du Savoyard.

Faites l'aumône au petit Pierre
Vous que sa plainte touchera;
Jetez l'obole à sa prière,
Dieu qui voit tout vous la rendra.

Quel beau jour le printemps ramène,
Un de ces jours que Dieu bénit ;
Le soleil inonde la plaine
Et les oiseaux quittent leur nid.

Pendant le long hiver qui cesse,
Disait Pierre, j'eus froid et faim ;
Ah ! quelle serait mon ivresse
Si j'avais un morceau de pain.

Faites l'aumône, etc.

Quand je partis de la Savoie,
Ma vieille mère avec douleur,
Me disait : Suis la bonne voie,
Notre richesse, c'est l'honneur.
Mon fils, que n'ai-je en ma misère
Du pain pour mes enfants nombreux,
Tu resterais dans la chaumière.
Ah ! que les riches sont heureux !

Faites l'aumône, etc.

Péniblement mon pied se lève,
J'ai tant marché.... Marchons encor !
Pour que mon voyage s'achève,
Il me faudrait pourtant peu d'or.
Ma bourse est vide, le pain même
Manque souvent aux mauvais jours ;
En vain, cette mère qui m'aime
Doit-elle m'attendre toujours?

Faites l'aumône, etc.

Mais, ô rencontre fortunée,
Un grand, le voyant presque nu,
Le fit riche pour une année,
D'un seul jour de son revenu.
Il est au pays, plus de peine,
Oh mère! dit-il, tu m'attends;
Sois, heureuse, ma bourse est pleine,
Je te reviens et pour longtemps.

Oui, maintenant le petit Pierre,
Près de sa mère restera.
O vous que toucha sa prière,
Le ciel un jour vous le rendra.

A. HALBERT.

LA JEUNE MOURANTE.
(ÉLÉGIE.)

AIR : *Au revoir, Louise, au revoir !*

Ainsi que l'eau qui s'épanche par gouttes,
La vie à l'homme échappe chaque jour;
Faible mortel, en l'arène où tu joûtes.
Combien, hélas! ont devancé leur tour!
Un pauvre enfant, aux portes de la tombe,
Disait hier, en faisant ses adieux :
Puisque sitôt il faut que je succombe,
Adieu! ma mère, au revoir dans les cieux!

Regarde ainsi que cette rose blanche,
Ma joue est pâle et mon regard languit ;
Comme elle aussi mon jeune front se penche,
Fuyant le jour et recherchant la nuit ;
Car, je le sens, une souffrance amère
Voile mon cœur, malade, soucieux ;
Comme en exil, j'étouffe sur la terre :
Adieu, ma mère, au revoir dans les cieux !

Ces nœuds si frais, cette riche parure
Dont j'étais fière, et le monde, et le bal
Où l'on vantait ma grâce et ma tournure,
Tout me déplaît, sourire me fait mal.
Je porte envie à la feuille qui tombe,
Au lac qui dort pur et silencieux ;
Je porte envie au vol de la colombe :
Adieu, ma mère, au revoir dans les cieux !

Pour accomplir le but de mon voyage,
Et triompher des ronces du chemin,
Je manque trop de force et de courage,
Pour affronter les rigueurs du destin.
Mes nuits, mes jours, sont des heures de doute ;
Jeune je dois rejoindre mes aïeux,
Et je faillis au début de ma route :
Adieu, ma mère, au revoir dans les cieux !

Vois-tu là-bas la fosse qu'on défriche?
Elle sera demain mon lit de mort ;
Car de chacun, grand, petit, pauvre ou riche,
Tel est le prix de tout pénible effort.
L'ombre vacille où marche l'existence ;
Ah ! sur ton sein laisse fermer mes yeux ;
Je sens déjà que mon heure s'avance :
Adieu, ma mère, au revoir dans les cieux !

Oh ! ne crains plus pour ta fille chérie
Cet avenir qui causait ton effroi !
Je me dérobe au pièges de la vie,
Où tu tremblais de me laisser sans toi !
Là haut, du moins, je marcherai tranquille,
Comme éclairée au fanal de tes yeux ;
Là, mon bon ange a toujours son asile ;
Adieu, ma mère, au revoir dans les cieux !

Comme une fleur s'est éteinte sa vie ;
Bientôt l'oubli fermera son tombeau :
Que sert, hélas ! d'être jeune et jolie,
A la lueur d'un funèbre flambeau ?
Lorsque la Mort te lègue au cimetière,
Fille jadis aux regards radieux,
Le vrai bonheur se consigne en ta bière :
Repose en paix ; au revoir dans les cieux !

A. HALBERT.

LE PAGE AMOUREUX.
Romance.

Air: *A chaque vers j'attache un souvenir* (C. Gille.)

Ah! si j'ai fui votre présence,
N'en accusez jamais mon cœur;
Sachez-moi gré de ma souffrance,
Seul j'en ai senti la douleur.
D'où vient que pour vous ma tendresse
Fut un jour jusqu'à m'alarmer?
Oui, tout bas, je vous le confesse,
J'eus presque peur, oui, peur de vous aimer. } *bis.*

D'amour j'ai connu l'étincelle,
D'Emma mon cœur subit les lois;
Lise me plut : Lise était belle,
Et je crus aimer une fois.
De leur beauté le regne cesse,
Votre esprit sait mieux me charmer;
Et tout bas, je vous le confesse,
J'ai presque peur, oui, peur de vous aimer. } *bis.*

Près de vous, guettant un sourire,
Que j'ai passé d'instants heureux!
Jamais je n'ai pu tout vous dire :
La crainte enchaînait mes aveux.

Mais un autre a votre tendresse,
De mes feux je dois me blâmer.
Ah! ma peur, je vous le confesse,
Seule devrait presque me faire aimer. } bis.

L'ÉPOUSE DU PÊCHEUR.

Légende maritime.

Air : *La Rose blanche.*

Piétro le maréyeur,
Un soir, éloigné de la plage,
Luttait avec courage
Contre les vagues en fureur.
Sur sa barque en tempête,
Le pétrel (1) vole bas;
Elle touche et s'arrête,
Se brisant en éclats,
Et les échos de la rive,
Interprètes du malheur,
Frappaient de leur voix plaintive
Berthe, l'épouse du pêcheur.

(1) Oiseau des naufrages.

En ce fatal instant,
Au loin, de la cloche qui pleure,
La voix annonçait l'heure
Qui dit : Priez pour le mourant!
Berthe fait sa prière,
Retenant ses sanglots;
Piétro, près de la terre,
Reparaît sur les flots!

Et les échos, etc.

Sainte Vierge, merci !
Sauvé! sauvé! s'écriait-elle....
Mais la Parque cruelle
Alors n'en disait pas ainsi.
De même le navire,
A l'ancre suspendu,
Sombre, espérant de dire :
Non, tout n'est pas pas perdu!

Et les échos, etc.

Abordant le rocher
Qui de ses maux semble le terme,
Piétro, d'une main ferme,
Au faîte croit se rattacher.

La pierre qui le porte
Cède sous son effort,
Le bruit des flots emporte
Au loin un cri de mort.
Depuis, de Berthe la folle
Chaque jour, à l'Angelus,
Aux cieux la plainte s'envole,
Mais c'est en vain.... Piétro n'est plus....

A. HALBERT.

L'ESPÉRANCE.

Mot donné.

AIR : *La Boulangère.*

Chacun à son lot ici-bas
De joie et de souffrance,
N'importe où l'on tourne ses pas,
C'est toujours même chance ;
Cependant l'homme, pour appui,
Doit garder l'Espérance
Chez lui,
Doit garder l'Espérance.

« Aide-toi, le Ciel t'aidera ! »
Nous dit une sentence ;
Celui dont l'esprit l'engendra
N'était pas sot, je pense.

Bravons donc le sort jusqu'au bout,
  Et gardons l'Espérance
    Dans tout,
  Et gardons l'Espérance.

Au milieu de mille hasards
  Le monde se balance,
Eh bien ! n'adressons nos regards
  Qu'à l'heureuse occurrence ;
Y perdons-nous parfois nos soins,
  Conservons l'Espérance,
    Du moins,
  Conservons l'Espérance.

Rions de nos faiseurs d'avis,
  Vautours de l'éloquence,
Prétendant que notre pays
  Marche à la décadence.
Si leur front devient soucieux,
  Conservons l'Espérance
    Bien mieux,
  Conservons l'Espérance.

L'amour, la beauté, les plaisirs,
  La gloire, l'abondance.
Jamais pour combler nos désirs,
  Ne manqueront en France.

On nous alarme vainement,
 Conservons l'Espérance,
  Vraiment,
 Conservons l'Espérance.

Mais nous vieillissons, par malheur,
 Crie, avec doléance,
Un voisin qui n'a de bonheur
 Qu'en sa propre existence.
Nous avons des fils, des neveux !...
 Conservons l'Espérance
  Pour eux,
 Conservons l'Espérance.

Lorsqu'un mortel saute le pas,
 On l'enterre en cadence;
C'est que l'on doit aimer là-bas
 La chanson, la romance.
Nous qui chantons de bon aloi,
 Conservons l'Espérance,
  Ma foi,
 Conservons l'Espérance.

CE QU'ON CROIT TENIR NOUS FUIT.

Air : du *Diner de Madelon.*

Pour une chanson nouvelle,
Je croyais trouver, ma foi,
En me creusant la cervelle
Un refrain de bon aloi ;
Rimant selon mon envie,
Ma verve reste sans fruit :
C'est ainsi que dans la vie
Ce qu'on croit tenir nous fuit.

Pour un dîner l'on m'invite.
J'aime la table et le vin ;
Aussi je veux au plus vite
Me rendre à ce gai festin.
Mais la table est desservie,
Car l'omnibus m'a conduit :
C'est ainsi, etc.

Pourtant, je prends place à table
Près de Lise au gentil minois,
Le dessert est présentable,

Donc je courtise et je bois.
Ma soif à peine assouvie,
Lise a disparu sans bruit :

C'est ainsi , etc.

Je me retire en silence :
Tout bas la raison me dit
Que sur mon corps je balance,
Qu'il faut regagner mon lit.
Mais ma portière endormie
N'ouvre plus après minuit :

C'est ainsi, etc.

Dormir à la belle étoile
N'est pas ce que j'aime mieux ;
Mais la nuit étend son voile,
A terre étends-toi, mon vieux.
A ce vœu la garde obvie,
Au poste on m'offre un réduit :

C'est ainsi , etc.

Au matin, l'on me renvoie ;
Vite au cabaret voisin
Je prends ma course avec joie
Pour y boire un doigt de vin,

Ma bourse m'étant ravie,
A sortir je suis réduit :
C'est ainsi, etc.

Ainsi finit ma journée;
Dites si c'est être heureux !
Ma chanson est terminée,
Je me plains de toutes deux.

Si ma muse est mal servie,
Si mes vers causent l'ennui,
C'est que toujours dans la vie
Ce qu'on croit tenir nous fuit.

J. GOIZET.

LA CLOCHE DE MON VILLAGE.

AIR *de Jacquot le Ramoneur.*

Cloche de mon village,
Chère cloche du soir,
Ah! combien ton langage
A sur moi de pouvoir!

J'y trouve en souvenance
Le foyer paternel,
Et tous les beaux jours d'enfance.
Pour moi regret éternel.

Tes sons si doux, ô ma cloche chérie,
Tintent pour moi l'heure du rendez-vous;
  Cloche jolie
  Sonne pour nous;
  Ah! ah! ah! ah!   *bis.*
  Cloche jolie,
  Sonne pour nous.

Un soir, lorsque l'orage
Lança sur nous ses feux,
Tu l'appris au village
Par tes sons douloureux :
A tes longs cris d'alarmes,
J'accours guidé par toi;
Sauvant sa mère des flammes,
Anna me promit sa foi.

Tes sons si doux, etc.

Un chagrin se réveille
A cet heureux moment;
Piétro prêta l'oreille
A ton doux tintement!

Sous la rouge églantine
Il repose aujourd'hui,
Et ta voix argentine
Ne vibre plus pour lui.

Tes sons si doux, etc.

L'on entendra de même,
Quand je n'y serai plus,
Les cloches du baptême
Pour de nouveaux venus ;
Et, dans ce lieu champêtre,
Au retour des moissons,
D'autres bergers peut-être
Rediront leurs chansons.

Tes sons, etc.

A. HALBERT.

LA VENDÉENNE OU LE MAUVAIS NUMÉRO.
Romance.

AIR *de la Rose bretonne* (LOÏSA PUGET).

Au ciel il est un Dieu
Qui seul protége l'innocence ;
Les dons de sa clémence
Nous sont visibles en tout lieu.

Partir cause ta peine,
Sache t'en consoler,
Car d'une Vendéenne·
Le devoir est d'aimer.
Mon bon André, prie, espère,
Si tu souffres loin de moi,
Car mon cœur n'aime sur terre
Que ma bonne vieille mère et toi.
Le pauvre sait souffrir,
Répète la vierge timide,
Levant son œil humide :

André, dit-elle, il faut partir !
La patrie en alarmes
Fait appel a ton bras;
Embrassons-nous ! nos larmes
Ne la sauveraient pas !
Mon bon André, etc.

Les pleurs ont leurs attraits,
Et de les vaincre est impossible;
D'un cœur bon et sensible
Ils sont, hélas ! les premiers traits.

Il part, pleure, chemine,
Rêvant à son retour;
L'écho de la colline
Lui redit tour à tour :

Mon bon André, etc.

En de lointains climats
Vingt fois il sut venger la France,
Gagnant par sa vaillance
La croix au milieu des combats.
Revenant au village,
Le cœur rempli d'espoir,
Il disait : Belle et sage,
Je vais donc la revoir!

Couchée auprès de sa mère,
L'herbe recouvre aujourd'hui
Celle qui n'aima sur terre
Que sa bonne vieille mère et lui !

AU CLAIR DE LA LUNE (nocturne).

Air *du Paysan*, de MM. Gourdon de Génouillac
et Paul Henrion.

CHANTÉ PAR M. JUNCA DU THÉATRE-LYRIQUE.

Du soleil en vain l'on me vante
Les rayons chauds et bienfaisants ;
Moi, le seul astre qui m'enchante,
C'est la lune aux reflets brillants :
Elle guide dans les nuits sombres
Les pas du pauvre voyageur,
Dissipant devant lui les ombres
Ainsi qu'un phare protecteur.

Viens, Marie, au clair de lune
Respirer l'air calme du soir ;
Allons aux champs, voici la brune,
Loin de la ville, ô viens t'asseoir.
T'aimer, te le dire,
Oui, pour moi, c'est un doux devoir,
Et j'aspire
Au seul bonheur de te revoir.

Le soleil refuse à la terre
Ses dons quand vient la fin du jour ;
De sa fécondante lumière
Il nous retire le secours.

Le crépuscule se déroule,
Recouvrant tout d'un noir linceul,
Si lentement la nuit s'écoule,
La lune en efface le deuil.

    Viens, Marie, etc.

Nous qui recherchons le silence
Pour goûter d'amoureux ébats,
Ah! dis-moi, quand la nuit s'avance,
Ton cœur ne palpite-t-il pas?
De Phœbé la lumière pure
Prête un nouveau charme à nos feux,
Bienfaitrice de la nature,
La lune est propice à nos vœux.

    Viens, Marie, etc.

En fêtant le jus de la treille
Que le soleil a fait mûrir,
Le viveur près de sa bouteille
Voit son âme s'épanouir :
Sans soucis, il tombe ou chancelle
Sous les influences du vin;
Mais, protectrice universelle,
La lune éclaire son chemin.

    Viens, Marie, etc.

Sous les verroux de la Bastille,
Quand Latude fut enfermé,
En fixant ses yeux vers la grille,
Dont son cachot était armé,
Sa solitude lui révèle
De la captivité les maux :
La nuit il se tresse une échelle,
La lune éclairait ses travaux.

    Viens, Marie, etc.

Est-il rien de plus poétique
Et plus propre à nous émouvoir,
Que le front d'un temple gothique
Reflétant les rayons du soir ?
Sur les tombes du cimetière ;
Brille cet astre tout divin,
Afin d'éclairer la prière
De la veuve ou de l'orphelin.

    Viens, Marie, etc.

LA QUÊTEUSE.

Romance.

Air *de la Grâce de Dieu.*

Ah ! chez nous combien de familles,
Si belle que fût la moisson,
N'ont que leurs bras et leurs faucilles,
Et plus de pain dans la maison !

L'hiver, sans feu, dans leur chaumière,
Que de vieillards sont aux abois,
Et pas une obole dernière
Pour acheter un peu de bois!

De l'enfant du malheur
Soyez le protecteur!

Que de pauvres, riches la veille,
Et dont Dieu seul voit les douleurs!
Sans se montrer, quelle merveille!
Votre main va sécher leurs pleurs!
Faire l'aumône est une joie
Dont rien n'égale la douceur!
C'est la Charité qui m'envoie,
Et l'Espérance en est la sœur.

De l'enfant, etc.

Et tandis que la jeune fille
Allait quêtant des dons pieux,
Les anges, qui sont de sa famille,
Chantaient en la suivant des yeux :
« O vous, dont l'âme est généreuse,
Donnez, et pour vous on priera ;
Donnez, donnez à la quêteuse,
Un jour le ciel vous le rendra. »

De l'enfant, etc.

LA DANSE DES PETITES FILLES.

Ronde.

REFRAIN : Chantez, dansez, fillettes,
Doux espoir des amours

En avant refrains, rondes et chansonnettes,
C'est peut-être ici le plus beau de vos jours.
    Plus ne serez si follettes
    Au temps qui bientôt viendra,
    Quand plaintives et seulettes,
    Votre cœur palpitera.
    Ce temps offre mille charmes
    A vos désirs curieux ;
    Si vous saviez que de larmes
    L'amour coûte aux plus beaux yeux !

    Chantez, etc.

    Souvent pâlit dès l'aurore
    Le soleil de la beauté,
    Souvent meurt avant d'éclore
    La fleur de virginité.
    Au printemps des amourettes
    Lorsqu'hymen vous sourira,
    Ah ! combien de vous, pauvrettes,
    Blanc linceul revêtira !...

    Chantez, etc.

    Celle-ci, gente et folâtre,
    Qui bondit parmi les fleurs.
    Je la vois, mère idolâtre,
    D'un fils veillant les douleurs,

Déjà fuit l'âme ingénue
De ce fils qu'elle adorait.
Oh ! propice et bien venue
La mort qui les unirait !
   Chantez, etc.

           CHAUVET.

LE CHATEAU DE LA REINE BLANCHE.

Romance.

Dans ce château dont vous voyez la tour,
La reine Blanche autrefois tint sa cour ;
  Un chant d'amour, un propos tendre,
Jamais, jamais ne s'y faisaient entendre.
  Les chevaliers dociles à sa voix,
  N'osaient soupirer devant elle.
Un seul pourtant dit un auteur fidéle,
  Aima la mère du saint roi.

Ce fut Thibault, qui sut tout à la fois
Combattre, plaire et chanter ses exploits.
  En ce lieu même sa vaillance,
Dans maint tournoi fit triompher sa lance.
Il s'écriait : « Chevaliers, cédez-moi :
  « La plus belle est celle que j'aime. »
Et l'on voyait, malgré son diadème,
  Rougir la mère du saint roi.

On ne dit pas que Thibaut fut aimé,
Du moins l'auteur n'en est point informé.

Mais que l'histoire est indiscrète !
Blanche, dit-on, ne fut qu'un peu coquette ;
Ce défaut-là, car c'en est un, je crois,
    S'empare des meilleures âmes.
Qui l'eût pensé ! c'était pourtant, mesdames,
    C'était la mère du saint roi.

A. H.

LA CLOCHETTE DES PRÉS (ROMANCE).

Musique inédite.

Je suis la douce clochette
    La seulette,
Sous le châtaignier tout noir,
Et c'est au souffle d'automne
    Moi qui sonne
Sur les prés, matin et soir.   **(bis.)**
  Tin, tin, tin, tin, tin, tin
    Jeune fillette
    Si follette,
  Tin, tin, tin, tin, tin, tin,
Ne t'égare pas sur l'herbette,
Car le soir un lutin t'y guette ;
    Fillette
    Gentillette,
  De la clochette
Ecoute le refrain.

En chassant sur la prairie
    Si fleurie
Ces papillons éclatants,
Sache que le temps, petite,
    Aussi vite
Emporte tes jeunes ans.   (*bis.*)
  Tin, tin, tin, etc.

C'est moi, qui, sous le vieux chêne
    Dans la plaine,
Le soir, tinte avec amour,
Et j'entends, voix étouffées,
    Nains et fées
Venir danser tout autour.   (*bis.*)
  Tin, tin, tin, etc.

Oui, pour nous deux, jeune fille
    Si gentille,
Dieu fit le même destin ;
Zéphir, brise ma corolle,
    Et toi, folle,
Crains l'amour, crains ce lutin. (*bis.*)
  Tin, tin, tin, etc.

Crois-moi, mon enfant, évite
    Marguerite,
Ma sœur, qu'on dit fleur d'amours,
Sa feuille que le vent sème
    Disant : J'aime
Ment, un peu, beaucoup, toujours. (*bis.*)
  Tin, tin, tin, etc.

HALBERT D'ANGERS.

LE COURROUX.

AIR : *Allez cueillir des bluets dans les blés.*

Rire de tout, dans cette courte vie,
Est mon plaisir, ma devise et ma loi.
Fuis pour toujours, triste mélancolie,
La gaité seule a des charmes pour moi ;
Je n'aime pas qu'on se mette en colère ;
Sans me vanter, on sait que je suis doux,
Aussi je vais, d'après mon caractère,
Paisiblement vous chanter le courroux. (*bis.*)

Rosette est jeune, elle est fraîche et jolie ;
Et son logis est en face du mien ;
Son vieil Argus a de la jalousie,
Pour le tromper, je m'y prends toujours bien.
Vais-je trouver mon aimable voisine,
Je sais choisir l'absence de l'époux.
En tête-à-tête aisément on devine
Que du mari je brave le courroux. (*bis.*)

Jeune beauté que je suis à la piste,
Si quelque temps j'éprouve la rigueur,
Sans quitter prise auprès d'elle j'insiste,
Et je fais tout pour attendrir son cœur.
C'est vainement qu'elle fait la farouche
Lorsque je veux tomber à ses genoux,
Adroitement je lui ferme la bouche
Et mes baisers apaisent son courroux. (*bis.*)

Quand, trahissant des Français le courage,
Le sort fatal vint enchaîner leurs bras,
On vit nos preux, au milieu du carnage,
D'un même accord se vouer au trépas.
A Waterloo, le fier Anglais s'avance,
Il nous menace en criant : Rendez-vous !
Nos vieux soldats, par leur noble assurance,
Des ennemis arrêtent le courroux. (*bis.*)

En respectant les dogmes de l'église,
J'aime beaucoup que l'on soit tolérant,
Je ne suis pas de ceux qu'on formalise
Lorsqu'on nous dit qu'il faut être indulgent ;
Mais je suis loin d'approuver la pratique
Des faux dévots qui nous condamnent tous.
Par eux Molière est traité d'hérétique,
Car son Tartufe excite leur courroux. (*bis.*)

En travaillant, soit en vers, soit en prose,
De réussir veut-on être assuré,
Il faut toujours que l'auteur qui compose
De son sujet se trouve pénétré.
Vous admirer est toute ma science
Et tout joyeux de me voir parmi vous,
Je ne peux donc en bonne conscience
Que faiblement vous chanter le courroux. (*bis.*)

JAMIN.

MA PERRETTE.

Parodie de Jeannette, de MM. Richomme et Abadie

sur les mêmes rimes.

Tant pis, moi j' vais l' dire à ma mère,
V'là que j' touche à mes vingt-sept ans,
J' suis l' gars l' plus malheureux d' la terre,
J' veux m' marier, v'là bien trop qu' j'attends.
La grand' Perrette, je l'adore ;
Qu'all' soit bancale, ah! j' n'y r'garde pas,
All' louche un brin, tant pis encore ;
Je m' suis dit moi : tu l'épous'ras.

J'en suis fou vraiment,
Et je m' dis : comment!
Si c'te fille a su m' plaire,
La lâcher d'un cran,
Ah! mais non, maman,
J'suis coiffé d'ma Perrette, j' l' pous'rai, c'est mon plan

J' sommes pas d'accord avec ma mère,
All' comprend pas que j'en sois épris ;
De m' père all' est ben l'héritière,
C'était l' plus têtu du pays,

All' m'en nomm' vingt, eh ben! aucune
Comme Perrette m' siérait bien ;
Son p'tit cœur, c'est toute un' fortune,
Et maman dit qu'all' n'a pas d' bien.

J'en suis, etc.

All' veut m' tarabuster, ma mère,
Si j' vous le dis, c'est la vérité,
Car c'est ben clair comme la lumière
Que j' veux pas t' nir à la beauté.
Pour moi Perrette est ben gentille,
Je n' suis pourtant pas méchant fils,
Et puisqu'all' voit qu' mon amour brille,
Qu'all' m' laiss' aller, moi, c'est m' n'avis.

J'en suis, etc.

A. HALBERT.

FANFAN, LE JOLI TAMBOUR,

Musique inédite.

Lorsque je pris la baguette,
Les vieux m'appelaient moutard,
L'éducation est faite,
Je suis un tapin flambard.
Ran, tan, plan,   (*bis.*)

Sur le chemin de la gloire,
Vous qui cherchez la victoire,
En avant, suivez Fanfan.
Ran pata plan pata plan.

Ran pata plan, etc.

J'ai débuté dans l'Afrique,
Sous le ciel des mauricaux.
Mes roulements, je m'en pique,
Brillaient aux coups les plus beaux.

Ran, tan, plan, etc.

Par mes œillades sublimes,
Mon petit air tapageur,
En ai-je fait des victimes!
Place à Fanfan-Joli-Cœur.

Ran, tan, plan, etc.

J'ai souvent battu la diane
Pour les sincères amants.
Voyais-je un regard profane,
Vite, je battais aux champs.

Ran, tan, plan, etc.

Lorsque les coursiers frémissent
Sous nos enfants belliqueux,
Mes r'li, r'lan flan retentissent
Nous sortons victorieux.

Ran, tan, plan, etc.

Le Russe n'étant pas sage
Nous menait je ne sais où,
Lors, j'obtiens battant la charge,
La revanche de Moscou.
Ran, tan, plan, etc.

HALBERT D'ANGERS.

AIMONS-NOUS, ALICE.

ROMANCE.

Alice, douce amie,
Hélas! crois-moi,
Je n'aime que toi.
Dieu nous donna la vie,
Toi, pour charmer,
Et moi pour t'aimer.

Ah! pour être heureux,

Alice, tous deux
Unissons les vœux.
D'un amour sincère,
Sans témoins sur terre,
Aimons-nous, ma chère.
Sur nous de ta mère
L'âme veille aux cieux.

T'aimer et te le dire,
Sont à jamais
Tous mes souhaits.
Ah! que ne peux-tu lire
Ce que mon cœur
Contient d'ardeur.

Ah! pour être, etc.

Donnons loin de la ville
A nos amours
Un libre cours;
Allons-y, ma gentille,
Braver en paix
Les jours mauvais.

Ah! pour être, etc.

Aimons-nous donc, Alice,
Comble ce soir
Mon doux espoir.
Je veux sans artifice

D'un doux retour
Payer ton amour.

Ah! pour être, etc.

Comme t'aimait ta mère,
Je t'aimerai,

Viens, je serai
Ton ange tutélaire.
Resté en bas.
Jusqu'au trépas.

Ah! pour être, etc.

HALBERT D'ANGERS.

L'AMOUREUX DE JAVOTTE

OU

LA DÉCLARATION DE NICODÈME GRANDOUILLOS,

CHANSONNETTE.

Air : *Du Vigneron.*

Ohé! Javotte, où donc vas-tu?
Ecoute-moi, là, vrai, ça m'taquine.
J'ai contre toi qu'es un' vertu,
Un gros tas d'fiel sur la poitrine.
Passer sans m'jeter un regard,
A moi qui t'aime et veux, sans fard,
Vivre sous ta loi.

C'est laid, jarnigoi.

Jeann'ton, Goton, Perrette et la fille à Simon,
   Te font tout plein des jalouz'tés;
   N'aie pas pour moi tant d' cruautés,
   Accepte mon cœur et ma main,
   Prends-moi pour époux, car enfin,
   Si je n' deviens ton p'tit mari,
   Dans not' puits ce soir je m' péri.

   Javotte, malgré que j' t'aime bien,
   M'est avis que tu n' m'aimes guère;
   Que n' suis-je ou ton âne ou ton chien,
   Puisque, ingrate, tu les préfères.
   Pass' moi ta p'tite main sur le dos,
   D'y penser, j' frémis jusqu'aux os.
     Tiens, j' crois qu' j'aboierais
     Même que j' braierais.
Jeanneton, etc.

   Je rêve chiens, chats, loups-garoux,
   Si tu manques à la veillée,
   J' bouscule, j' mets tout sens d'sus d'sous
   Dès qu'on m' dit qu' t'es sous la feuillée,
   En sursaut je m' réveill' tout net,
   Et partout m'suit comme un barbet
     Ton biau p'tit souris,
     C'est c' qui fait que j' dis
Jeanneton, etc.

J'voudrais posséder un trésor
Pour t'affubler comm' un' grand' dame,
T'aurais un' montre en similor.
J' t'aim'rais ben plus qu' t'on vieux Pirame,
Sans feintise, alors j' te baill'rais
Tout c' qui t'siérait, et puis après,
  Jarni ! qu'eu bonheur,
  J'aurai ton p'tit cœur.

Jeann'ton, etc.

Ah ! j' suis t'il content quand j' te vois,
C'est qu'c'est vrai que j'te trouv' charmante,
Ta voix, ton p'tit air, ton minois,
Ont un je n' sais quoi qui m'enchante.
Si quelqu'un t'embrasse, ah ! cristi !...
Ça m' tarabuste, j'en pâti,
  C'est pis qu' si l' gredin
  V'nait m'arracher l'crin.

Jeann'ton, etc.

Sans artifice, réponds-moi,
Ou j' crois qu' j'en gagn'rai la jaunisse.
En vois-tu d' plus galants près d' toi ?
Morgué, j' doute que cela s' puisse;

J' voudrais être, oh ! j'en ai l' désir,
L' morceau d' lard qui t' fait tant plaisir.
   Etre l' pain qu' tu fais,
   La vache qu' tu trais.

Jeann'ton, etc   A. HALBERT.

MUGUET, VIOLETTES ET GERMANDRÉE.

Romance.

AIR : *N'effeuillez pas les marguerites.*

Parmi les fleurs de la prairie
Que Dieu créa pour l'embellir,
J'en aime trois; leur modestie
Charme toujours mon souvenir.
La jeunesse en fait des guirlandes
Pour parer le chapeau coquet,
Moi, qui les destine aux offrandes,
Je les unis dans un bouquet.

De ces filles de la nature
J'aime le parfum, les couleurs.
De Flore elles sont la parure,
Hélas ! combien j'aime les fleurs !

Symbole de douce innocence,
Le *muguet* de sa blanche fleur,
En l'honneur de la Providence ,
Exhale une suave odeur.

Elancé de son vert feuillage,
Chaque bouton en fleurissant
Semble rendre un sincère hommage
A la gloire du Tout-Puissant.
De ces filles, etc.

La tendre et douce *violette*
Qui se cache sous le gazon,
Humblement ouvre sa clochette
Pour embaumer l'air du vallon.
Elle étale avec complaisance
Son doux parfum, ses simples fleurs ;
Emblème de la bienfaisance,
Elle sourit à tous les cœurs.
De ces filles, etc.

Quand la bienfaisante rosée
A rafraîchi le sol brûlant,
Plus belle on voit la *germandrée*
Ouvrir son calice charmant.
Sans cesse elle se renouvelle,
Du jour si vif bravant l'ardeur.
C'est l'image toujours fidèle
De l'amitié, du vrai bonheur.
De ces filles, etc.

Envoi.

Reçois ces trois aimables fleurs
Que pour toi ma main a cueillies,
Leurs parfums, leurs tendres couleurs
L'emportent sur les plus jolies.

Ton cœur doit dire en les voyant :
Des vertus elles sont l'emblême,
Chère épouse, en les imitant
On trouve le bonheur suprême.
De ces filles, etc.

A. H.

LE PREMIER CHAGRIN DE RIGOLETTE.

CHANSONNETTE.

Air : *Ah ! l'heureux temps, le joli souvenir.*

Seule isolée au sein de sa chambrette,
Les yeux en pleurs et le front abattu,
Qui donc, hélas ! connaissant Rigolette,
Devinerait d'où sa gaîté s'est tu ?　　　(bis.)
C'est qu'un ami, tout comme elle sincère,
Injustement en prison doit gémir ;
Ecoutons-la ! sa douleur ne peut taire ;
Pauvre Germain, combien il doit souffrir !(ter.)

Ce mot de lui, dans les heures d'absence,
De ma tristesse affaiblit les rigueurs :
Ce mot de lui tempère ma scuffrance :
Je le relis, et je n'ai plus de pleurs.　　　(bis.)

Mais en songeant aux tranquilles soirées
Où tous les deûx, riant à l'avenir,
Un doux espoir dorait nos destinées,
Pauvre Germain, combien il doit souffrir ! *(ter.)*

Ce mot de lui, c'est mon bien, c'est ma vie,
C'est ma fortune et mon éternité ;
En le lisant, j'entends sa voix amie,
Oui, c'est l'écho de la franche amitié.   *(bis.)*
Sous les verroux, non, son âme candide
D'un vil contact n'ira pas se ternir ;
Mais près du vice à la face livide,
Pauvre Germain, combien il doit souffrir ! *(ter.*

Ce mot de lui, parfum de poésie,
Nectar plus doux que tout le miel des fleurs,
Souffle effaçant les clameurs de l'envie,
Donnant l'extase à mes pensers rêveurs. *(bis.)*
Tu n'es qu'un rêve, un vague, et pis encore ;
Mais sur mon cœur que tu fis tressaillir,
Viens reposer — lendemain sans aurore !
Pauvre Germain, combien il doit souffrir ! *(ter.)*

La pauvre enfant que ce message alarme,
Rend ses oiseaux témoins de sa douleur ;
A leurs concerts répondant d'une larme,
Vite au travail se livre avec ardeur.   *(bis.*

Ah! disait-elle, allons, allons, courage!
Mon petit gain, tâchons de le grossir;
Le prisonnier aura ce faible gage,
Pauvre Germain, combien il doit souffrir! *(ter.)*

MÈRE ET FILS.

Air: *C'est l'Amour, l'Amour.*

Cher enfant, retiens-le bien,
Dans la vie,
Je te le confie,
Pour n'être dupe de rien,
Ne compte que sur le tien.

Ne mets ta force qu'en toi-même,
L'univers est rempli d'ingrats;
La trahison, le stratagème
Vont partout entourer tes pas.
Sache que la richesse
N'amène que flatteurs;
Au jour de la détresse
Tu n'aurais..... que tes pleurs!

Cher enfant, etc.

Le caprice, la fantaisie,
Sous le doux nom d'attachement,
T'offriront le cœur d'une amie
Qui te fera plus d'un serment.
   Ris de telles fleurettes,
   Hélas ! pour ton repos ;
   Sinon, que de coquettes
   T'accableront de maux !

 Cher enfant, etc.

Ne juge point aux apparences
La qualité de ton voisin ;
Combien de marchands d'indulgences
Sont plus cruels qu'un Sarrasin !
   Tu verras l'hypocrite,
   Plein de haine et de fiel,
   Recevoir l'eau bénite
   En affrontant le Ciel !

   Cher enfant, etc.

J'ai vu le plus grand roi du monde
Porter au loin ses étendards,
Et dans une ivresse profonde
On le servait de toutes parts,

Quand les efforts des braves
N'eurent plus que revers,
Il fut par ses esclaves
Outragé dans les fers.

Cher enfant, etc.

Pourtant que l'injustice humaine
Jamais ne te rende méchant ;
Sur tes pas console la peine,
N'écoute qu'un noble penchant.
 N'importe qui te blâme,
 Ne crains que le mépris,
 Et la paix de ton âme
 En deviendra le prix.

Cher enfant, retiens-le bien,
 Dans la vie,
 Je te le confie,
Pour n'être dupe de rien,
Ne compte que sur le tien.

GEORGETTE,

LA JOLIE FILLE DU FAUBOURG.

Georgette compte seize ans,
  Teint couleur de rose ;
Ses traits sont des plus charmants :
  Lui parler moi j'ose.
Dieu ! que j'aime donc la voir
En bonnet blanc et sautoir ;
  J'aime son air aluré,
Je l'aime, elle est à mon gré.
Dans le bal quand elle accourt,
  Cette aimable fille,
On se dit dans le faubourg :
  Dieu ! qu'elle est gentille !

Ses charmes me plaisent fort :
  Je suis heureux d'être
Amoureux d'un tel trésor ;
  Il faut la connaître.
Le soir, comme le matin,
C'est un diable, un vrai lutin ;
Bien souvent cette beauté
Est un ange de bonté.

Aussi, quand je l'aperçois
Tout mon cœur sautille ;
Je lui dis : Viens près de moi ;
Viens, t'es si gentille !

Son portrait partout me suit :
Si je suis loin d'elle,
Le jour, ainsi que la nuit,
Toujours je l'appelle.
Mon pauvre corps dépérit,
J'en perds l'appétit, l'esprit.
D'aimer ainsi quel tourment !
Mieux vaudrait mourir vraiment.
Mais demain vite j'irai
Dire à sa famille :
Votre fille est à mon gré :
Elle est si gentille !

Par Arthur de ***

UNE MÈRE!

Romance imitée d'un sonnet de FILICAJA (poëte italien),
dédiée à Mlle Adeline DE ANICHINI.

MUSIQUE DE M. AUGUSTE LEHÉRON.

Vois la tendre mère entourée
Des enfants qu'elle a mis au jour!
Auprès d'eux son âme enivrée
Tressaille de joie et d'amour!
Avec douceur sa main légère,
En flattant l'un, donne à son frère
Une étreinte contre son cœur;
L'autre sur ses genoux s'élance,
Son bras l'aide; un pied qu'elle avance
Sert encor de siége à sa sœur.

Rien n'est beau sur cette terre,
Comme l'amour d'une mère!

Dans un regard, une caresse,
Dans leurs baisers, dans leurs soupirs,
Son cœur sait lire avec adresse
Tous leurs mille petits désirs.

Ils parlent tous, et, sans rien dire,
Elle répond par un sourire
A leurs mots demi-prononcés.
Elle veut prendre un air sévère,
Et l'on voit combien elle est mère
Dans ses yeux même courroucés.

Rien, etc.

C'est ainsi que la Providence
Veille sur le sort des humains,
Et que son amour leur dispense
Les trésors ouverts dans ses mains.
Les grands, les maîtres de la terre,
Le pauvre en son humble chaumière,
Elle écoute tous les mortels ;
Et sa bonté constante et sûre
Partage à toute la nature
Ses dons et ses soins paternels.

Rien, etc.

Que jamais l'homme ne l'accuse
D'indifférence et de rigueur,
Si quelquefois elle refuse
Une grâce chère à son cœur,

Ce n'est que pour nourrir son zèle
Et pour le rendre plus fidèle
Qu'elle diffère à l'exaucer ;
Ou plutôt sa bonté suprême
Lui fait une grâce alors même
Qu'elle semble la refuser.

    Rien, etc.

LE MENTEUR (CHANSON).

    Air : *Va donc t'asseoir.*

Un garçon d'un air de tendresse
Disait à sa voisine un jour·
Voulez-vous être ma maîtresse ?
Car pour vous je brûle d'amour,   *(bis.)*
Et veux vous aimer sans détour.
Mais une fille à côté d'elle
Dupe d'un discours si flatteur,
Dit : Ne l'écoutez pas, mam'zelle,

    C'est un menteur.   *(ter.)*

Quand un garçon dit : je vous aime,
Et qu'il se met à vos genoux,
S'il vous peint son amour extrême,
De ces serments méfiez-vous,   *(bis.)*

C'est pour obtenir d'une belle
Le droit de posséder son cœur.
Ne l'écoutez donc pas, mam'zelle,
    C'est un menteur.   *(ter.)*

Auprès d'une fille à la danse
Un garçon est toujours galant ;
Pour faire votre connaissance,
Il va toujours vous caressant   *(bis.)*
Et se dit votre amant constant,
Jurant qu'il vous sera fidèle,
Qu'il vous aime de tout son cœur,
Ah ! ne l'écoutez pas, mam'zelle,
    C'est un menteur.   *(ter.)*

Quand un garçon près d'une fille
Peut passer un heureux instant,
Bientôt vers une plus gentille
Il va tenter d'en faire autant.   *(bis.)*
Pour mieux triompher de la belle,
Il promet tout sur son honneur,
Ah ! ne l'écoutez pas, mam'zelle,
    C'est un menteur.   *(ter.)*

Jamais un garçon ne s'attache ;
Son plaisir est d'être inconstant,
Chaque jour on voit qu'il relâche
L'objet qu'il dit qu'il aime tant.   *(bis.)*

L'homme est né pour être infidèle,
Et quand il vous promet son cœur,
Ne l'écoutez donc pas, maim'zelle,
    C'est un menteur. *(ter.)*

Pour contenter leurs fantaisies
Tous les hommes, n'en doutez pas,
Vers les femmes les plus jolies
Tour à tour dirigent leurs pas. *(bis.)*
Comme l'amour ils ont des ailes,
Et comme lui sont séducteurs ;
N'écoutez donc pas, mesd'moiselles,
    Tous ces menteurs. *(ter.)*

FLEURET.

LAISSEZ REPOSER LA PORTIÈRE.

AIR : *Laissez reposer le tonnerre.*

Il est minuit, le cordon, s'il vous plaît ?
Vite, ou vrez-moi que je grimpe à mon gîte.
De la cité le silence est complet
Et l'écho seul répond au marteau que j'agite ;
Encore un coup, que ce soit le dernier,
Car je suis las d'errer sous la gouttière.
    On m'ouvre, et c'est pour me crier :
    Laissez reposer la portière ! *(bis.)*

Cette portière au sommeil a des droits,
Je le conçois, car de ses cinq étages
Elle connaît les plus obscurs endroits,
Et, de plus, les secrets de tous les personnages.
De l'entresol elle a vu ce matin
Un céladon, pris dans une pantière,
   Payer son amour clandestin.
   Laissez reposer, etc.

Vieille sibylle, elle a sur le premier
De précieux monuments héraldiques ;
Elle sait bien qu'autrefois roturier,
Ce seigneur acheta tous ses parfums antiques.
Plus d'une fois, à travers la cloison,
De sa noblesse elle a vu la bannière...
   Vous que fascine son blason,
   Laissez reposer, etc.

Combien de fois n'a-t-elle pas surpris
Ce journaliste évoquant la fortune,
D'obscurs travaux en recevoir le prix
Et flatter tour à tour l'une et l'autre tribune!
Que de couleurs ont orné son chapeau
Qui maintenant lui servent de litière!
   Vous qui respectez son drapeau,
   Laissez reposer, etc.

Si du troisième elle nous dévoilait
Tous les secrets dont elle est confidente,
Nous saurions tous que l'hôte cumulait
De ténébreux emplois dignes d'un sycophante.
  Titré sans titre et plein de dignité,
  Jadis la moire ornait sa boutonnière.
    Vous qu'offense la vérité,
    Laissez reposer, etc.

Au quatrième habitent des bourgeois
Tout boursoufflés d'une fière insolence,
Gens parvenus à l'abri du faux poids
Qu'enrichit le comptoir, qu'engraissa la balance.
  Que de Chauvins flattent l'intégrité
  Qui fait surgir cette tourbe rentière !
    Nous connaissons leur probité,
    Laissez reposer, etc.

Lorsque le froid engourdit les oiseaux
Et que le ciel prend sa teinte blafarde,
Qu'un givre épais a terni les carreaux
Du boiteux vasistas de la pauvre mansarde,
  Que de marmots que tenaillait la faim
  Ont bégayé le nom de la tourière !
    Jamais on ne l'implore en vain,
    Laissez reposer, etc.

Dans mon grenier qu'assombrit le malheur,
L'espoir paraît sous les traits d'une femme,
Et m'arrachant à ma froide torpeur,   [tame.
Pour les maux que j'endure elle trouve un dic-

Quand des douleurs elle suspend le cours,
Un doux sommeil doit clore sa paupière.
Pour qu'elle ait encor de beaux jours,
Laissez reposer, etc.

NÉRON PRADES.

GISELLE ou LA ROSE BRETONNE.

ROMANCE.

(Musique de Mlle Loïsa Puget.)

Dans le pays breton.
Au sein d'une pauvre famille,
Giselle, jeune fille,
Etait une rose, dit-on.
Le démon de l'envie,
Lui donnant fol espoir,
La pauvrette ravie
Répétait chaque soir :
« L'ennui préside au village,
Le bonheur est à Paris ;
Ah ! pour qui fait ce voyage,
L'on dit que c'est un paradis ! »

En proie à son chagrin,
Simple comme on est au jeune âge,
Giselle, du village
S'éloigna seule un beau matin.
De son cœur qui palpite
S'échappe un long soupir,
Car, disait la petite,
Rêvant à l'avenir,

« L'ennui, etc.

Parfois en son chemin
Donnant une larme à sa mère,
Elle prie, elle espère
Que Dieu bénira son destin.
La joie en ses yeux brille
Et chasse son regret,
Lorsque la grande ville
Devant elle apparaît.

« L'ennui, etc.

Pour les ris et les jeux
Paris est un lieu plein de charmes;
Mais pour les blanches âmes,
Oh! c'est un séjour ténébreux.

La vertu sans défense
N'y peut rien refuser ;
Les doux rêves d'enfance
Fuient sous un baiser.
Triste comme le feuillage
Que les autans ont flétri,
Giselle alors au village
Revint chercher le paradis !

AUTANT DE PRIS SUR L'ENNEMI.

AIR : *Une fois marié, qu'est-ce que ça m' fait.*

Malgré la misère importune,
Tant bien que mal chantant toujours,
Je me moque de l'infortune,
Mes refrains égayent mes jours.
Puissé-je, au gré de mon envie,
Dans ce penser bien affermi,
Chanter, au déclin de ma vie,
Autant de pris sur l'ennemi !

Par goût comme par caractère
Je savoure le jus divin,
Mais s'il a le don de me plaire
J'aime également le raisin.

Grapiller en tout temps m'arrange,
Quand même on ne l'a pas permis,
Et jusqu'au jour de la vendange,
Autant de pris sur l'ennemi.

A midi, demain à l'église,
De Lise, Paul sera l'époux ;
Quoique l'amour le favorise,
D'avance il se montre jaloux.
Depuis longtemps dans le silence,
L'hymen, hélas ! en a gémi,
J'eus la fleur de son innocence,
Autant de pris sur l'ennemi.

Compte bien sur mon héritage,
Toi le meilleur de mes neveux,
Me dit un oncle en homme sage,
Attends encor, je suis bien vieux.
Des cousins je crains les courbettes,
Plus d'une fois j'en ai frémi ;
Mais hier il a payé mes dettes,
Autant de pris sur l'ennemi.

On ne peut tous sur cette terre
Avoir un chant mélodieux,
Pour cela faut-il donc se taire ?
Non, que l'on chante de son mieux.

Pour moi dont les accents sauvages
Mettent un la s'il faut un mi,
Que j'obtienne quelques suffrages,
Autant de pris sur l'ennemi.

Ju. GOIZET.

IL NE FAUT DÉSESPÉRER DE RIEN.

CHANSON DE TABLE.

AIR : *Pierrot partant pour la guerre,*

Ou *Halte-là, halte-là, etc.*

Je me trouve à cette table
Entouré d'aimables fous ;
Nous buvons à femme aimable
Et nous narguons les jaloux.   (*bis.*)
Faut-il pour la chansonnette
Chercher quelque gai refrain ?
Ma muse, souvent muette,
Aussitôt se met en train.
      Ça va bien,   (*bis*).
Il ne faut jurer de rien.

« Je jure de ne plus boire,
D'être sobre constamment, »
Dit un beau matin Grégoire,
« Et je tiendrai mon serment ; »   (*bis*).

Mais voulant faire le brave,
Malgré des projets si beaux !
Il roule au fond de la cave
Et tombe sur du bordeaux.

    Ça va bien, etc.

Cléon, auprès de sa femme,
Trouve un jour certain blondin,
Dans le courroux qui l'enflamme,
Il veut le chasser soudain ;
Cependant en homme sage,
Il se dit au même instant :
Pour compléter mon ménage
Il me manque un enfant,

    Ça va, etc.

On voit partout dans le monde
S'agiter un mince auteur,
Dont on se moque à la ronde,
Qui se croit un grand faiseur.
Du goût perdant les traces,
Si sa muse est en défaut,
Il a recours aux échasses,
Le voilà perché bien haut.

    Ça va, etc.

Quoi ! quatre couplets de suite,
Je crains de vous ennuyer,
Certaine terreur subite
De mes sens vient s'emparer.
Car je crains d'entendre dire :
« A l'école, cet enfant. »
Mais si vous daignez sourire,
Je pourrai chanter gaiement.

    Ça va, etc.

A. H.

LE PIANO ET LE MOULIN.

(Fable.)

AIR *du Marchand de chansons de* F. BÉRAT.

Non loin d'Angers s'élevait un moulin
Au tic, tic, tac, monotone et sauvage,
Jeunes et vieux, chacun dans le village,
Maudissait fort cet ennuyeux voisin.
Je convoitais un piano pour ma fête;
Mon père vint combler ce doux espoir.
Frappant alors, à m'en rompre la tête,
Sur l'instrument au clavier blanc et noir,
Je répétais dans mon naïf espoir :

Nos sons joyeux sur l'ennuyeux,
Vont triompher, faisons-le taire,
Mon beau piano, partage ma colère,
Doublons d'efforts, que ton timbre argentin
Couvre la voix du stupide moulin,
Couvrons le tic-tac du moulin.

En ce temps-là les instruments parlaient;
Aussi le mien, pour se tirer d'affaire,
Bien sûr d'avance aux auditeurs de plaire,
Dit au géant dont les bras s'arrêtaient :
— Du rossignol j'imite la voix tendre,
File une gamme ou module aisément.
Tais-toi, butor, on ne peut plus m'entendre;
Rondeau, sonate, ou note d'agrément,
Sont étouffés par ton lourd grincement.

Nos sons joyeux, etc.

A m'exercer, du moins pendant la nuit,
Ne peux-tu donc me laisser à mon aise?
Ton bruit redouble; ami, ne t'en déplaise,
Ton carillon est absurde et me nuit.
— Joli voisin à voix de serinette,
Dit le moulin, lassé de l'écouter,
Qu'ont-ils produit tes timbres de sonnette?
Rien! seulement ils ont l'art d'enchanter.
Moi, je ne sais, hélas! que répéter :

Tic-tac, tic-tac, tic-tac, tic-tac,
Si ma chanson est mal sonnante,
Vingt sacs de farine excellente

Sont nés hier de mon dolent refrain,
Et vont nourrir le village voisin.
Voilà les produits du moulin.

A. HALBERT.

FERMONS LES YEUX.

Air : *Si Pauline est dans l'indigence.*

Amis, tout mortel sur la terre
Court en vain après le bonheur :
Il n'est, hélas! qu'une chimère,
Un mot qui conduit à l'erreur.
Ayons recours à la folie :
Il faut rêver pour être heureux,
Dans l'étroit sentier de la vie
Avançons et fermons les yeux.　　　(*bis.*)

Si l'intrigue ou la flatterie
Entravent un jour vos succès,
Méprisez les traits de l'envie,
Ne vous découragez jamais :
Il est un terme à l'injustice;
Espérons que tout ira mieux.
La haine serait un supplice,
Aimons, rêvons, fermons les yeux.

Lorsque les filles de mémoire
Dispensent d'immortels lauriers,
De leurs mains couronnent la gloire
Des poètes et des guerriers,
Si la secrète jalousie
De son souffle calomnieux
Peut enfin affliger leur vie,
Sur les méchants fermons les yeux.

Si dans le sein de son ménage
On éprouve quelque tourment,
Il faut savoir, en homme sage,
Dissimuler adroitement.
Craignons d'accroître notre peine;
Evitons des éclats fâcheux.
Maris, pour alléger la chaîne,
Par prudence fermons les yeux.

VALENTIN.

MA FÉE AUX AILES D'OR.

Que je voudrais entendre,
Pour me charmer encor,
Le son de ta voix tendre,
Ma fée aux ailes d'or.

Toi qui pénètres l'ame
Comme un reflet d'amour,
Toi dont la chaste flamme
N'est qu'au divin séjour,
Viens effacer mes rides,
Viens essuyer mes pleurs.
Dans nos sentiers arides
Oh ! viens semer des fleurs !

Que je voudrais, etc.

Lorsque l'âme se glace,
Ainsi que la raison,
Que nous perdons la trace
Du riant horizon,
Ta douce poésie,
Eloignant la douleur,
D'un saint amour saisie
Nous fait croire au bonheur.

Que je voudrais, etc.

Au mal qui me dévore
Viens arracher mon cœur;
Vois. l'espoir brille encore
A travers ma douleur;
Qu'on t'appelle Espérance,
Songe ou Réalité;

Qu'on te nomme Croyance,
Mensonge ou Vérité.

Que je voudrais, etc.

Quand le doute m'inspire
A renier mon Dieu,
Et que mon cœur soupire
Des paroles de feu;
Tu brises le calice
Qui m'abreuve de fiel,
Pour calmer mon supplice
Tu me montres le ciel.

Que je voudrais, etc.

Oh ! puisque tu disposes
Des trésors précieux;
Viens effeuiller des roses
Sur mon front soucieux,
Ecarte les épines
Qui jonchent mon chemin...
Pour franchir les ravines
Guide-moi par la main.
Que je voudrais, etc.

PAPA BAMBOCHE.

Air *des Filles de joie de* V. RABINEAU.

Mes amis, vive la folie,
Moquons-nous du qu'en dira-t-on ;
Et si la gaîté nous rallie,
Croquons notre dernier jeton.
La gaîté, voilà ma devise
Foin du censeur et des jaloux ;
Versons, trinquons quoi qu'on en dise,
Gloire aux flon-flons, gloire aux glou-glous.

Car je suis le père bamboche,
    Sans reproche
  Et pourtant viveur.
    J'aime à faire,
    J'aime à taire,
Le bien que m'inspire mon cœur.

Si je rencontre sur ma route
Un camarade malheureux,
Avec lui je casse une croûte,
Et nous buvons un coup tous deux.
Mon tour viendra demain peut-être,
Lui dis-je afin de l'enhardir,

Partage mon petit bien-être,
Et rêve un meilleur avenir.

Car je suis, etc.

Mon nez prend la couleur des roses
Et cause ma félicité;
Le vin fait fleurir toutes choses,
Et jeunesse et caducité,
J'en suis une preuve vivante,
Je vis sans soucis et joyeux;
Des vains tracas j'ai l'âme exempte.
Allons, buvons à qui mieux mieux.

Car je suis, etc.

Ma voisine, trop confiante,
Hier fut dupe d'un vaurien;
En l'entendant qui se lamente,
Je me dis, *presto*, mon ancien,
Puisque chaque jour tu te grises,
Peux-tu condamner une erreur?
Tout le monde fait des sottises,
Va l'assister dans son malheur.

Car je suis, etc.

Ce matin le père à Javotte,
Qui boit, dit-on, comme un sonneur,
Dormait étendu dans la crotte,
Calme comme en un lit d'honneur.
Il cherche l'oubli de la veille
Dans le fond d'un verre de vin ;
J'approche, et doucement l'éveille ;
Alors nous trinquons, car enfin

Moi je suis, etc.

Maître Adam voulait qu'on l'enterre
Dans la cave, près de son vin ;
Panard disait : Tenant mon verre,
Je voudrais finir mon destin ;
Gouffé, Dauphin, Debraux naguère
Prirent tous le même refrain,
Versant aï, bordeaux, madère,
Avec eux j'attendrai ma fin.

Car je suis, etc.

JOSEPH HEPPLY.

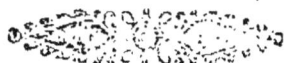

LA VEUVE D'UN CHEVALIER FRANÇAIS.
Romance.

AIR: *Patrie, honneur, pour qui j'arme mon bras*

Aimable enfant, seul reste d'un guerrier
Dont chaque instant me retrace l'image,
Que j'aime à voir en toi se déployer,
Et cette audace et ce naissant courage.

Fils d'un héros, cher à tous nos soldats,
Ah ! comme lui, signale un jour ton bras ! (*bis.*)

Il naquit pauvre, et dés ses premiers ans
L'obscurité suivit son existence ;
Mais Mars bientôt, en nos bords triomphants,
Sur le pavois éleva sa vaillance.
Fils d'un héros, etc.

Tant qu'elle fut en ses guerrières mains,
Nobles lauriers ornaient notre bannière,
Et devant lui jadis des souverains
Ont abaissé leurs fronts dans la poussière.
Fils d'un héros, etc.

Ce preux, trop tôt, a connu le malheur,
Et la victoire est pour lui passagère.
Il voit ces lieux que couvrait sa valeur
En proie aux chefs d'une armée étrangère.
Fils d'un héros, etc.

Trahi par ceux qu'il accabla de biens.
Il succomba victime de l'envie,
Et, jeune encor, dans de honteux liens,
Il termina sa belliqueuse vie.
Fils d'un héros, etc.

Mêlant de pleurs ce récit douloureux,
Ainsi parlait cette mère si sage
Au noble enfant dont le cœur généreux
Ressent déjà tous les feux du courage.

Fils d'un héros, etc.

Il écoutait, doucement agité,
Et soupirant au seul mot de victoire,
Au sein des camps, par l'espoir transporté,
Il répétait en rêvant à la gloire :
Fils d'un héros, etc.

J.-A. S.

J'AVAIS SEIZE ANS.

Romance.

AIR DE CALEB.

J'avais seize ans lorsqu'au village
Vint un beau monsieur de la cour ;
Il sut que j'étais belle et sage,
Et me parla bientôt d'amour.
Jeune encore et sans défiance,
J'écoutais ses discours flatteurs ;
Je crus à ses vœux de constance,
Mais, hélas ! qu'ils étaient trompeurs !

Las ! j'écoutai son doux langage,
J'écouti doux sentiment d'amour ;
J'ignorais qu'amour fût volage,
Et je promis tendre retour.

Mais le cruel bientôt m'oublie ;
Une autre a su toucher son cœur.
Il a fui loin de son amie :
Adieu repos, adieu bonheur.

Adieu, vallon, belle prairie,
Loin de vous, je fuis pour toujours ;
Adieu, cabane tant chérie,
Où j'espérais passer mes jours.
Par des souvenirs pleins de charmes,
Ces lieux augmentent mon malheur.
Hélas ! pour répandre des larmes,
J'ai bien assez de ma douleur.

J. LEVATOIS.

LA COUVERTURE.

AIR : *L'autre soir par un beau matin.*

Selon le fameux Richelet,
Selon Sénèque le tragique,
La couverture est un sujet
Qui n'est ni plaisant ni lyrique ;
Aussi dans mes couplets divers,
Il m'a fallu, je vous assure,
Mettre le bon sens à l'envers
Pour mettre en vers la couverture. *bis.*

La couverture cependant
Ne saurait être indifférente,
Et les services qu'elle rend
Sont assez grands pour qu'on la chante :
Plus d'un poète dans Paris,
Qui rime couché sur la dure,
Doit la chaleur de ses écrits
A celle de sa couverture.　　　　　(bis.)

L'imbécile Sancho-Pança,
Un jour dans une hôtellerie,
Sur sa couverture dansa
Pour cause de poltronnerie.
S'il fallait avec ces lurons
Qui vont contant leurs aventures,
Faire danser tous les fripons,
Il faudrait bien des couvertures.　　(bis.)

Contre les tourments de l'ennui,
Si l'on désire une recette,
Il faut des romans d'aujourd'hui
S'empresser de faire l'emplette ;
D'abord on peut être affligé
Quand du livre on a fait lecture,
Mais on est bien dédommagé
Par l'estampe et la couverture.　　(bis.)

C'est en vain que de froids censeurs,
Du sexe blâment la toilette,
En charmant nos yeux et nos cœurs,
Il achève notre défaite;
Par son costume il est déjà
Si près de la simple nature,
Que bientôt il se montrera
Tel qu'il est sous la couverture.   (*bis.*)

Enfin, dans le palais des grands,
Dans l'asile de la misère,
Pour braver les rigueurs du temps
La couverture est nécessaire.
Nous devons ce bien précieux
Au grand auteur de la nature,
Car sans la calotte des cieux,
Nous dormirions sans couverture.   (*bis.*)

JOSEPH HEPPLY.

L'ESPOIR.

Mot donné.

Air : *J'aime bien les petits enfants.*

Peste soit du travail maudit,
Que l'on donne à ma pauvre verve!
Quoi donc! en dépit de Minerve,
Il me faut faire de l'esprit?
Aujourd'hui tant de gens en France
Font de l'esprit sans en avoir,
Que, comptant sur votre indulgence,
Je ne dois pas perdre l'espoir.

L'espoir est le seul vrai bonheur,
Des malheureux il est le père;
Il soulage dans la misère,
Il console dans la douleur;
De tous les maux il nous délivre,
Il rend notre avenir moins noir;
A tous les biens il peut survivre,
Mais rien ne survit à l'espoir.

Victime d'un injuste sort,
Un infortuné sans défense,
Dans son cachot souffre en silence
Et sans murmure attend la mort.
En butte aux fureurs de la rage,
Tranquille, il ne peut s'émouvoir;
Qui donc lui donne ce courage?
Dieu, son innocence et l'espoir!

Sans espoir on ne vivrait pas.
L'intrigant a l'espoir des places;
Le courtisan, celui des grâces;
Le pauvre, celui des ducats;
La fille a l'espoir d'être mère,
La mère voudrait bien l'avoir.
L'auteur a l'espoir de plaire
Qui s'en voit quitte pour l'espoir.

Malgré notre espoir et nos vœux
Pour vivre de longues années,
Nous verrons de nos destinées
Un jour trancher le fil heureux.
Dans le domaine de la Parque,
Mes chers amis, de nous revoir,
En passant la fatale barque,
Emportons tous le doux espoir.

BOURGEOIS.

LE PASSEREAU.

AIR :

Suave harmonie,
Naïve gaîté,
Parure jolie,
Douce liberté,
Parfums du bocage,
Ciel toujours nouveau,
Voilà ton partage,
Joli passereau.

Que ton vol rapide
Egoutte en passant
La corolle humide
Du lys frémissant,
Ou bien qu'il s'élève
Vers le bleu rideau,
Ta vie est un rêve,
Joli passereau.

Sitôt que l'aurore
Dore les buissons
Ta voix fait éclore
De magiques sons,
Et de la clairière
Le fidel écho
Redit ta prière,
Joli passereau.

Et quand la nuit sombre
Remplace le jour,
Je te vois dans l'ombre
Songeant au retour.
A regagner vite
Le nid de l'ormeau ,
L'amante t'invite,
Joli passereau.

TOSTAIN.

LES DÉLICES DE LA FOIRE.

AIR *des chants des Truands.*

Ecoute-moi, ma belle Jeanne,
  Nous aurons du plaisir :
  Laisse là ta maison, ton âne,
  Si tu veux t'divertir.
Je te f'rai voir, ma chère,
  Toutes les boutiques du bon ton.
  Ça te plaira, j'espère,
  Sois-en sûre, Jeann'ton.

REFRAIN.

Mets-toi su'l'bon ton, ton, ton, ton, ton,
Ma p'tite Jeanneton, ton, ton, ton, ton,
'Car tout le canton, ton, ton, ton, ton,
  Va venir à la foire
  Et tu peux m'en croire,
Là, j'frons un glouton, ton, ton, ton, ton,
J'lic'hrons du picton, ton, ton, ton ton,
  J'rons à la danse,
  Et j'tach'terai, tu pense
  Un p'tit mirliton. (*bis.*)

Tu verras le feu d'artifice,
  L'grand concert et l'ballon ;
  Tu mangeras du pain-d'épice
  Chez la gross' Madelon ;

J'suis bien sûr ma p'tite Jeanne
Que tu riras tant q'tu pourras
De voir la course à l'âne,
Où plus d'un culbut'ra.
Mets-toi su' l'bon ton, etc.

Je te f'rai voir sans obstacle
Les jeux de toutes les façons,
Les sauteurs et leur beau spectacle
Et les marchands d'chansons.
Toi qu'aime, les bluettes,
Foi d'Picard Jean, j'te f'rai présent
D'un cahier d'chansonnettes
Quand chant'ra l'père Bertrand.
Mets-toi su' l'bon ton, etc.

En retournant vers le village,
Pour mieux nous mettre en train,
Nous chanterons, suivant l'usage,
Nos plus charmants refrains;
Si t'as mal à la gorge,
Jeanne, je te ferai cadeau
D'un bâton d'sucre-d'orge,
Qui sera bien bon, bien beau.
Mets-toi su' l'bon ton, etc.

J.-A. Sénéchal.

LE GAI TROUVÈRE.

Je trouve en ma bouteille
Santé, gaîté, trésors ;
En la vidant, je veille,
J'y rêve quand je dors,
Des maîtres de la terre
Pourrais-je être envieux :
Je bois, mange, digère
Un roi ferait-il mieux ?
     Ferait-il mieux ?

          Versons,
          Trinquons,
        Amis, buvons,
      Et ferme à table
        Que l'on sable
    Mâcon, bordeaux, châblis,
       Tant et tant (*bis*),
      Que chacun soit gris.

Que là-haut le ciel tonne,
Qu'on se batte ici-bas,
J'ai pour abri ma tonne,
Pour bouclier mes plats.

Si, renversé par terre,
Je me roule ivre-mort,
Tout en cherchant mon verre,
Je redirai plus fort,
Oui, plus fort :

    Versons, etc.

Quand la vigne fut veuve
De l'utile échalas,
Et que plus d'une épreuve
Précéda son trépas,
Du décès de la grappe
Naquït le jus divin.
Amis, dressons la nappe
Pour fêter l'orphelin,
  L'orphelin.

    Versons, etc.

Dans de bruyants quadrilles,
Funestes à l'honneur,
Combien de jeunes filles,
Victimes d'une erreur,
Si je mets en cadence
Verres vides ou pleins,
Par cette contredanse.

Je bannis tout chagrin,
Tout chagrin.
Versons, etc.

Le luxe et la misère,
Le crime, la vertu,
Le pleureur, le trouvère,
Le batteur, le battu,
Tout cela se rassemble
Sous le même *in manus.*
Aussi chantons ensemble
Pour dernier *oremus,*
Oremus.
Versons, etc.

A. Halbert.

LA CLOCHETTE.

(Simple histoire.)

Air *du Réveil-matin.*

L'angelus à la chapelle
Vient de retentir.
André, compte sur mon zèle,
Vite il faut partir!

Allons mettre la clochette
   Au cou de Robin,
Pour qu'au loin l'écho répète,
   Son gentil tin, tin,

  Tin, tin, tin, tin, tin, tin,
Pour qu'au loin l'écho répète,
   Tin, tin, tin, tin, tin,
   Son gentil, tin, tin.

  Elle rêvait, la pauvrette,
  Au plus doux lien,
  Mais son chien et sa houlette
  Étaient tout son bien.
  André, ce garçon qu'elle aime,
  Au mal est enclin,
  Seul, pourtant c'est lui, quand même,
  Qu'avertit Robin.
Tin, tin, etc.

  Enfants du même village,
Jeunes ils s'aimaient
Sans se douter qu'avec l'âge,
  Leurs cœurs changeraient.

Lise, en fille toujours sage,
Croit le libertin
Et chaque jour sous l'ombrage
L'appelle Robin.
Tin, tin, etc.

Un soir, loin de sa chaumière,
Sans troupeau, sans chien,
Lise au loin sur la bruyère,
Suivit le vaurien,
Sa vieille mère inquiète
Quand vint le matin,
Seule attacha la clochette,
Au cou de Robin.
Tin, tin, etc.

Les feuilles jonchaient la terre,
L'hiver revenait,
A la nuit sur la fougère
Une ombre passait,
L'un et l'autre se désole,
Et crie : au lutin,
Il paraît !.... C'est Lise folle,
Qui suivait Robin,

A. HALBERT.

LA LEÇON DE L'EXPÉRIENCE.

(Moralité.)

Couvert du froid manteau de l'indigence,
Un bon vieillard à des étudiants
Disait, voyant qu'ils couraient à la danse :
Plus sagement employez vos instants,
Une imprudence est toujours un méfait,
Croyez-en mon expérience.
Que de beaux jours sur terre on coulerait
    Si jeunesse savait.

Les Étudiants.

    D'un air dédaigneux,
    Nos fous pour réponse,
    Reprirent : Mon vieux,
    Garde ta semonce ;
    Le vin et les filles,
    Sont pour les bons drilles,
    Ainsi que nous ferait, } bis.
    Si vieillesse pouvait, }

Le vicillard.

Tout comme vous, j'eus mesjoursde démence,
Riant au nez de qui moralisait ;
J'étais heureux dans mon insouciance,
Mes ans passaient, rien ne m'inquiétait ;
Autour de moi le vide se faisait.
Au souffle de l'intempérance,
Que de beaux jours, etc.

Les Étudiants.

Quoi, c'est un méfait
Lorsque, guillerette,
La jeunesse sait,
Rompre sa layette,
Quand l'aï pétille,
Quand fille est gentille!
Ainsi que nous, etc.

Le vicillard.

Près des derniers relais de l'existence,
Tout comme moi vous apprendrez un jour
Que les avis que bafoua l'enfance
Eussent suffi pour enchaîner l'amour.
Un bon conseil est toujours un bienfait,
En ma voix ayez confiance.
Que de beaux jours, etc.

Les Étudiants.

Savoir courtiser
La brune et la blonde,
Ne pas se griser
Buvant à la ronde,
Tout luron opine,
Pour cette doctrine.
Ainsi que nous, etc.

Le vieillard.

Je fus aimé d'Aline et de Clémence,
Sous leurs baisers tout mon corps frémissait.
J'eus des amis; quand vint ma décadence
Tous sont partis! l'illusion restait,
En tout, partout, elle me dirigeait,
Puis me prit jusqu'à l'espérance.
Que de beaux jours; etc.

Les Étudiants.

Gloire aux gais viveurs,
A bas la morale!
Aux francs rigoleurs,
Que fait le scandale?
Si courte est la vie,
A nous la folie.
Ainsi que nous, etc.

Tableau.

Le fer en main et l'œil plein d'espérance,
Deux jeunes gens, pour un faux point d'orgueil,
Jouaient leur vie, près d'eux en silence,
Des villageois escortaient un cercueil,
Un corps tomba !.... la mort, passant, glanait.
   Au champ de l'inexpérience.
Que de beaux jours, etc.

     Ce mort que suivait,
     La foule attendrie,
     Ce corps qui tombait,
     Jeune et plein de vie,
     Chacun à sa guise,
     Tronque la devise,
     Si jeunesse savait,   { (*bis.*)
     Si vieillesse pouvait.

Moralité.

Dans ces couplets où se coudoient ensemble
L'adolescence et l'âge des regrets,
La mort survient et d'un seul coup rassemble
Rêves blasés, immodérés projets.
A qui toujours lentement se hâta,
   Dieu prolongea la jouissance.
Que de beaux jours sur terre on coulerait,
   Si plus sage on était !
                A. Halbert.

LE BON COEUR DE L'OUVRIERE,

Un bienfait n'est jamais perdu.

Air : *A genoux devant le soleil*, ou *du bon Ermite.*

Un soir, en revenant de journée,
Lise rencontre en son chemin,
Couché sur la terre isolée,
Un pauvre petit orphelin.
Par ta mère, dit l'ouvrière,
Hélas! tu n'es point entendu :
Mon enfant, je serai ta mère,
Un bienfait n'est jamais perdu.   } *bis.*

Regarde, dit-elle à sa mère,
Cet enfant fut abandonné;
Etant couché sur la bruyère,
Juge quelle est sa destinée :
Elevons-le, crois-moi, ma chère,
Ce bienfait nous sera rendu;
Tu me l'appris dans ma prière,
Un bienfait n'est jamais perdu.   } *bis.*

Enfant, si nous manquons d'ouvrage,
Comme nous saura-t-il souffrir ?
Non, j'en suis sûre, car à son âge
Cet innocent pourrait mourir.
Mère, tu sais que Dieu le père
  Bénit à jamais la vertu ;
Il veillera sur l'ouvrière,
Un bienfait n'est jamais perdu.   } *bis.*

16 ANS APRÈS.

Plus tard, l'enfant offre à la France
Son bras pour défendre son droit ;
Il dit à sa mère : Espérance,
Là-bas, oui, je prierai pour toi.
De moi, mère, tu sera fière,
Un jour je te serai rendu ;
Je songerai à l'ouvrière,   } *bis.*
Un bienfait n'est jamais perdu.

LE RETOUR A LA CHAUMIÈRE 8 ANS PLUS TARD.

A la porte de la chaumière
Un homme, tout galonné d'or,
Frappe appelant Lise et sa mère,
Leur dit : Ouvrez, je vis encor ;

Je me nomme le petit Pierre,
C'est moi, m'avez-vous entendu?
Je viens prouver à l'ouvrière
Qu'un bienfait n'est jamais perdu. } *bis.*

J.-A. Sénéchal.

L'INDÉCIS.

Air de Bosquier dans le *Pâté d'anguilles.*

Pour goûter du vin d'un bon clos,
A dîner lorsque l'on m'invite,
Jamais je ne réponds de suite :
« C'est du *champagne* ou du *bordeaux.* »
De la bouteille ami sincère,
De peur d'un jugement léger,
Je dis, vidant vingt fois mon verre :
« L'affaire est encore à juger. »

Paris. — Impr. de Pommeret et Moreau, 42, rue Vavin.

TABLE.

FIN DE LA TABLE.

Paris.—Impr. de Pommeret et Moreau, 42, rue Vavin.

* 9 7 8 2 0 1 2 7 2 7 6 6 3 *